다 널 위해서 그런거야!

한 입 크기 철학 5

다 널 위해서 그런거야!

초판 인쇄 2022년 4월 05일
초판 발행 2022년 4월 10일

지은이 뱅자맹 델모트
그린이 알프레드
옮긴이 이수진
펴낸이 조승식
펴낸곳 돌배나무
공급처 북스힐
등록 제2019-000003호
주소 01043 서울시 강북구 한천로 153길 17
홈페이지 www.bookshill.com
이메일 bookshill@bookshill.com
전화 (02) 994-0071
팩스 (02) 994-0073

정가 9,000원
ISBN 979-11-90855-26-6
ISBN 979-11-90855-25-9(세트)

* 잘못된 책은 구입하신 서점에서 바꿔 드립니다.

C'est pour ton bien!

Benjamin Delmotte

Dessins d'Alfred

뱅자맹 델모트 & 알프레드

다 널 위해서 그런거야!

교육인가 강요인가?

너를 위한 것일까,
나를 위한 것일까?

누군가에게는 익숙한 기억으로 남아 있을 한 일화를 예로 들어보자. 아이가 아픈 탓에 부모는 걱정이 많다. 병원에서 처방받은 약은 맛이 끔찍해서 아이는 약을 삼키지 않으려고 한다. 부모는 아이를 설득하기 위해 이렇게 말한다. "다 너한테 좋은 거야!" 아이는 약을 먹이려는 부모의 뜻을 이해하고, 의사의 권위만큼이나 부모의 권위도 인정한다. 하지만 뭔지 모를 저항감이 든다. 구토만 유발하는 이 쓴맛 나는 액체가 내게 '좋은 것'의 근원이라는 사실을 대체 어떻게 받아들여야 하는 것일까?

그다음으로 이어지는 일은 또 어떤가? 계속해서 약 먹기를 거부하는 아이의 고집 앞에서 "다 너한테 좋은 거야"라는 말의 본질은 바뀌게 된다. 이제부터는 격려나 설득을 위한 논거가 아니라 부모가 취하는 모든 방법이 좋은 것이라고 자기 자신을 합리화하기 위한 수단이 될 뿐이다. 이 말이 통하지 않자 부모는 화를 내보고, 속여도 보고, 어르고 달래기도 하고, 격려와 협박을 번갈아 하다가 결국에는 마치 거위에게 억지로 음식물을 삼키게 만들 때처럼 아이의 입속으로 약숟가락을 꾸역꾸역 밀어 넣는다. 다행히 아이가 약을 다 먹었으니 잘된 일이다. 하지만 아이는 어떤 대가를 치렀는가?

“다 너한테 좋은 거야”, “다 널 위한 거야” 혹은 “다 너 잘되라고 그러는 거야” 등과 같은 표현은 다양한 뉘앙스로 사용된다. 단순한 친절에서 비롯된 조언이 권위를 합리적 설득 수단으로 포장하거나, 나아가서는 조언이 어떠한 반대도 허용하지 않는 명령으로 둔갑하기도 한다. 타자의 호의와 걱정은 이성(理性)에게 밀려나고, 결국 강요나 더 나아가 심한 폭력으로까지 번진다. 프랑스어 호의bienveillance라는 말속에 선bien을 신경 쓰다veiller라는 의미가 담겨 있는 것처럼, 본래는 타자의 선(善)을 바란 것이었더라도 그 속에 담긴 호의에 모순이 없다고 말할 수는 없다.

그렇다면 이 모순은 어디에서 발생할까? 어쩌면 선이라는 개념 자체가 절대적인 정의를 내리기 힘든 것이기 때문인지도 모른다. 때때로 ‘최고의 선’으로 여겨지는 ‘행복’도 그 정의를 내리기가 불가능하니 말이다. 18세기 독일 철학자 임마누엘 칸트Emmanuel Kant에 의하면, “몇 가지 원칙만으로 자신을 진정으로 행복하게 만드는 것이 무엇인지 온전히 확신할 수 있는 사람은 아무도 없다”고 한다. 게다가 “다 널 위한 거야”라는 말은 위선을 비롯해 매우 다양한 의도로 사용

될 수 있다는 데에서 그 모순이 발생한다. 이 말을 하는 우리가 위하는 것은 대체 누구의 선일까? 앞의 일화에서 부모는 분명히 자식의 선을 바란다. 하지만 아이에게 억지로 약 숟가락을 들이밀며 부모는 동시에 자신의 선을 바라는 것은 아닐까? 또 자식의 선을 바라는 것만큼이나 부모로서의 권위를 행사하고 싶은 것은 아닐까? 물론 이와 같은 예시 상황에서 이러한 질문을 던지는 것은 어떻게 보면 지나치다고 느껴질지도 모르겠다. 하지만 이 질문이 전혀 적절치 못한 것은 아니다. 때로는 **"다 널 위한 거야"라는 말이 "다 날 위한 거야"를 내포하기 때문이다.**

결국 이 표현이 전제하는 것은 지식과 권력의 차이를 바탕으로 세워진 불공평하고 비대칭적인 관계다. 자식의 건강에 무엇이 좋은지를 부모는 자식보다, 의사는 그런 부모보다 더 많이 알고 있다고 여겨진다. 따라서 **"다 널 위한 거야" 혹은 "다 당신 아이를 위한 겁니다"라는 말이 뜻하는 바는 '지식이 곧 권력'이라는 사실이다.**

이러한 비대칭성은 그 대상이 부모-자식 관계나 성인 간의 관계, 교육, 건강, 정치인지 등에 따라 나타나는 문제의 양상이 다르다. 하지만 어떤 경우에서든 한쪽의 일방적인 복종을 정당화할 수 있는지는 따져봐야 할 문제다. 나보다 우위에 있는 지식(혹은 권력)에 의해 받은 조언이나 처방 또는 명령을 반드시 따라야 할 때는 언제일까? 또한 공평하고 민주적이라 여겨지는 우리 사회 속에 이러한 비대칭성이 존재한다는 사실을 어떻게 설명할 수 있을까?

타자의 지배인가,
정당한 염려인가?

이처럼 여러 우려와 의문을 담고 있음에도 불구하고 우리는 왜 계속해서 “다 너 잘되라고 그러는 거야”와 같은 표현을 사용하는 것일까? 자신이 아닌 타인에게 무엇이 좋은지 정해 주려고 하지 말고, 그냥 각자 자기 자신을 걱정하는 편이 낫지 않을까? 각자 자신의 선을 위해서만 행동하고, 타인의 선에 영향을 미치려 하지 않으면 되는데 말이다… 어떤 이유를 갖다 붙이든 이것 하나는 명확하다. 바로 타인을 대신해서 그에게 무엇이 좋을지 결정하려 하는 것은 타인에게 끔찍한 위협을 가하는 것과 같다는 사실이다. 칸트는 이렇게 말했다. “그 누구도 내게 특정한 방식의 행복을 강요할 수 없다.” 하지만 그렇다고 해서 이와 같은 표현이 꼭 내가 타인을 대체하고 싶다거나, 그에게 무엇이 좋고 나쁜지를 대신 결정하고 싶다는 것만을 의미하는 것은 아니다. 진정한 호의이자 타인에 대한 진실한 염려의 표현일 수도 있기 때문이다. 사회적인 관점에서 다른 사람에 대한 염려를 그만두게 하는 것은 어불성설이 아닐까? 그 결과로 사회를 분열시키고, 개인을 개인주의와 이기주의에 빠지게 만들 수 있으니 말이다. 성인들 간의 우정이나 호의를 막는 것도 그렇지만, 아이들에게 모든 결정을 전적으로 맡기는 것은 더더욱 곤란한 일이다. 마찬가지로 조언이 필요하거나 자신에게 부족한 지식적 측면에서 도움

“당신의 자식을
불행하게 만드는 가장 확실한
방법이 뭔지 아는가?
바로 모든 것을 쉽게 얻는 데
익숙해지도록 만드는 것이다.”

장 자크 루소
Jean-Jacques Rousseau

을 구하는 이를 마냥 외면할 수도 없는 노릇이다.

이렇듯 자칫 개인이 고립되는 일이 일어나지 않도록 각 개인의 특성을 존중하는 자유와 지식의 불균등한 분배가 공존할 방법을 모색할 필요가 있다. 아무리 박학다식한 인간이라도 온전히 독자적으로 살 수 있는 것은 아니다. 그것은 가능하지도, 바람직하지도 않다. 그렇다면 지식과 권력의 비대칭성이 개인의 자유와 어떻게 조화를 이룰 수 있다는 것일까?

독재는 어떻게 호의의 가면을 쓸까?

이러한 비대칭성이 가장 큰 문제가 되는 것은 아마 정치 및 사회 영역일 것이다. 우리 사회를 규제하는 (비교적) 민주적인 합의는 우리를 독재로부터 보호해 주는 것처럼 보인다. 하지만 유럽을 비롯한 세계 전역에서 '무엇이 국민을 위하는 것인지 아는' '강한' 지도자에 대한 인기가 다시 드높아지고 있다. 이들은 국민의 자유를 문제 삼고, 이에 반대하는 이들을 배제하고, 독단적으로 결정을 내린다. 하지만 이들의 행동에는 아무 잘못도 없는 것처럼 여겨지고 여론은 이들에 만족한다. 이러한 지도자들이 권력을 향유하게 내버려두면서 우리는 우리의 선을 얼마나 거스르고 있는 것일까? 국가에 무엇이 좋은 것일지를 홀로 결정하는 권한이 오롯이 자기 자신에게 있다고 믿는 사람들에게 모든 책임을 떠밀어 주면서 민주주의는 그 본질을 거스르고 있다. 거기까지 가지 않더라도, 민주주의는 지식인이라고 여겨지는 이들의 주장이나 결함에 의해 변질될 위험을 가지고 있다. 과거 제약 및 보건 분야에서 있었던 파문은 거대 산업이 부정확하거나 조작된 실험 결과를 만들어내도록 과학자들을 부패시킬 수 있다는 사실을 보여주었다. 과거에 담배가 암을 유발한다는 사실에도 불구하고 의사와 광고업계가 흡연이 건강에 좋다고 주장했던 것과 마찬가지로, 오늘날 산업계와 농업계에서는 암을 유발한다고 판단되는 화학물질을 널리 사용하고 있다. 그리고 "담배를 피우고, 약을 복용하고, 소비하는 것은 당신에게 좋은 것(적어도 해가 되진 않을 것)입니다!"라고 외치면서 말이다! 또한 광고업계는 광고에 등장하는 인물에게 '흰 가운'을 입힘으로써 시청자가 광고 내용을 순순히 믿게 만들고 있지 않은가?

물론 국민적 토론이 필요한 사안에 있어 전문가를 신뢰할 필요는 있다. 18세기에 장 자크 루소Jean-Jacques Rousseau는

다음과 같이 썼다. "우리는 언제나 자신에게 좋은 것을 원하지만 그게 무엇인지 항상 아는 것은 아니다." 그러나 전문가들이 독립성을 가지고, 이들에게 결정권을 위임하지 않도록 경계하는 것 또한 중요하다. 이들의 역할은 정치적 토론에 있어 대중에게 혜안을 제시하는 것이지, 최종 결정권을 갖는 것이 아니기 때문이다. 이들은 무엇이 공공의 이익이 될 수 있는지를 가려내는 데 도움을 주어야 하지만 사적인 이익을 위해 이용되어선 안 된다.

19세기 프랑스 철학자 알렉시 드 토크빌Alexis de Tocqueville은 민주주의가 어둠 속에서 탄생하듯 독재도 그렇다고 말했다. 민주주의 정부는 국민의 선을 위하면서도 정부가 "유일하게 국민의 기쁨을 보장하고 국민의 건강을 굽어살필 책임이 있다"고 여길 때 변질될 우려가 있다. 마치 통치자가 한 집안의 아버지처럼 국민에게 무엇이 좋을지 염려해 행동할 때처럼 말이다. 이런 통치자는 호의라는 명분으로 국민을 아이처럼 여겨 의존적인 상태로 두길 원한다. 토크빌은 국가를 하나의 가정(家庭)에 비견할 수는 없다고 주장하는데, 아버지는 자식의 해방을 목표로 하지만 독재자는 "국민을 아이의 상태로 영원히 남겨두길" 원하기 때문이다. 토크빌이 말한 '민주적 독재'와 같은 이러한 '부드러운' 독재의 위험

* GMO와 화학악명 높은 다국적 농업-생명공학 기업 몬산토(Monsanto) 패러디

은 경제계에서도 찾아볼 수 있다. 같은 위험성을 갖는 '경영 가족주의'가 19세기 이래로 존재했다. 19세기 후반 철강업계에서 유명했던 기업인 앙리 슈나이더는 당시 고된 하루를 보내던 노동자들의 노동시간을 단축하기를 거부했다. 그들 가운데 더욱더 많이 일하기를 '원하는' 노동자들에게 해를 끼쳐선 안 된다는 이유로 말이다!

이러한 '부드러운' 독재의 위험은 오늘날 더욱 커지고 있다. 신흥 거대 정보통신 기업들이 우리에게 SNS와 게임을 비롯한 매우 다양한 즐길 거리를 제공하고, 그 대가로 개인정보에 깊이 침투하고 있다. 많은 중개인과 '인플루언서'들은 우리의 개인정보를 매개로 우리에게 특정한 음식, 영상, 음악, 기사 혹은 약을 추천하면서 우리의 소비와 생각, 건강에 영향을 미치고 있다. 토크빌은 독재자가 바라는 것은 "국민들이 즐기되, 오로지 즐기는 것에만 몰두하는 것"이라고 말했다. 여기서 독재자를 거대 기업의 지도자로 바꿔 적용해 볼 수 있다. 그러나 이 모든 정보통신 기기들이 우리에게 제공하는 끝없는 즐거움은 과연 우리에게 좋은 것일까?

데이터 시장은 더욱더 치밀한 방식으로 개인과 개인의 다양한 면모를 고려해 이윤을 발생시키기 위한 각종 유혹을 개인 맞춤화하고 있다. 오늘날 소비자를 현혹하는 "당신을 위한"이라는 말속, '당신'이 가리키는 바는 점점 더 개인화하고 있다. 개인의 취향과 욕망이 날이 갈수록 정밀해지는 알고리즘에 의해 낱낱이 분석되기 때문이다. 여기에서 발생하는 문제는 크게 두 가지다.

첫째로, 우리를 위한 것 즉 우리에게 '좋은 것'이 우리의 흥미를 불러일으킬 만한 상품의 총체로 축소될 수 있을까? 우리가 그다지 필요로 하지 않는 것을 제안받고, 우리의 존재가 구매의 기회로 귀착되는 것이 정말로 우리를 '위한 것' 일까?

둘째로, 우리에게 좋은 것(혹은 개개인의 취향과 특성에 따라 다른 고유한 우리의 행복)과 개개인의 취향이나 욕망과 관계없이 절대적으로 필요한 공공의 선 혹은 의무가 서로 대립할 수 있다. 소비와 오락거리는 계속해서 우리가 우리 자신만을 돌아보게 만들면서, 타자와 공공의 안녕이라는

존재를 인식하지 못하게 만드는 것은 아닐까? 게다가 거기에는 더 이상 제약이 없다는 사실이 더 큰 문제다. 오늘날 스마트워치와 같은 첨단 과학기술 기기들이 컴퓨터와 휴대전화를 대신해 혈압 측정, 소비된 열량, 삶의 리듬을 비롯해 우리의 내부적인 기능에 대한 정보를 거대 인터넷 기업에 전송하고 있다. 어쩌면 부드러운 독재의 위험이 부드러운 전체주의로 변하고 있는 것인지도 모른다. 우리에게 '좋은 것'을 위하는 것은 우리라는 존재 전체가 외부(혈압 관리나 수면을 위한 약 처방이나 비만을 방지하기 위한 식단 조절 등)에 의해 지배되기 때문이다.

이렇듯 이윤 창출을 목적으로 여러 유혹을 사용하는 '부드러운' 권력에 대항해 우리 자신에게 무엇이 좋은지 스스로 결정하는 주인이 될 방법은 무엇일까? 우리 개인정보의 사용을 공적인 차원에서 통제할 필요가 있는 것은 아닐까?

“아이의 교육에
폭력을 쓰지 마라.
놀이를 통해 배우게 하라.”

플라톤
Platon

교육 원칙이 될 수 있을까?

어쩌면 부모-자식 관계야말로 지식의 비대칭성이 가장 '자연스럽게' 여겨지고 그것에 문제를 제기하기가 가장 어려운 관계일 것이다. 매우 짧은 시간 동안 부모를 필요로 하다가 대개 자연적으로 자립하는 새끼 동물과 달리, 인간의 아기는 부모를 계속해서 필요로 한다. 식량, 청결, 자기 보호, 언어를 비롯해 어떤 측면에서든 인간의 자립은 대부분 학습된다. 그리고 그 학습 과정은 오랜 기간에 걸쳐 이루어진다. 자연환경에 동화하는 것뿐만 아니라 문화적 환경에 동화할 때도 마찬가지다. 아이는 커가면서 자신의 것과 다른 여러 환경과 다른 언어를 발견하고, 다른 규범과 가치를 존중하는 법을 서서히 배우기 때문이다.

따라서 아이는 부모, 가정, 친구, 학교, 사회 · 문화적 기관과 같은 다양한 존재로부터 전수받은 외부적 지식에 의존하게 된다. 바로 이것이 "다 널 위한 거야"라는 말에 반드시 타인을 지배하고자 하는 의지가 담겼다고 볼 수 없는 이유다. 지배하려는 게 아니라, 루소가 다음과 같이 말했듯이 그보다는 오히려 무지 속에 타인을 내버려두지 않기 위한 것일 수도 있다. "당신은 아무런 지식도 없고, 아무것도 하지

당신을 위한 프로모션
당신을 위해 소비하세요
당신을 위한 마켓
당신을 위한
당신을 위한 서점
당신을 위해 구매하세요
당신을 위한
당신을 위한 디자인
"괜찮으세요 고객님?"
당신을 위한 소파
당신을 위한 세일
당신을 위한 식당

못하고, 아무것도 알지 못하는 가엾은 아이가 안쓰럽지도 않은가?" 아이가 획득한 지식으로부터 스스로 이득을 취하기를 바란다면 아이의 '선'을 위하는 것이 맞다. 그리고 여기서 말하는 아이의 '선'이 그의 생존(아이가 아파트 8층 높이의 발코니에서 슈퍼맨 놀이를 하지 못하게 막는 것은 아이를 위한 것이다), 건강(아이에게 사탕 이외의 다른 것을 먹이려고 노력하는 것은 아이를 위한 것이다), 사회 · 문화적 동화(아이를 어린이집이나 학교에 보내고, 아이에게 백 번도 넘게 본 슈퍼히어로 영화 대신에 찰리 채플린Charlie Chaplin

"물론 부모가 자식에게
오로지 학대자의 면모만을 지닌
존재는 아닐지라도 대다수의 경우
다른 면모를 지님과 동시에 학대자이고,
대부분 그 사실을 알아채지 못한다."

앨리스 밀러
Alice Miller

의 영화를 보라고 충고하는 것은 아이를 위한 것이다)라면 말이다.

교육일까,
조련일까?

앞에서 보았듯이 다소 모호한 지점을 가지고 있는 "다 널 위한 거야"라는 표현이 교육적인 측면에서 얼마나 정당화될 수 있는지 살펴보는 일이 남았다. 우선 교육의 원칙은 시대와 아이의 성숙도에 따라 달라진다. 아이는 나이에 따라 부모가 왜 어떤 것은 금지하고 또 어떤 것은 권고하는지를 이해하지 못할 수 있기 때문이다.

다음으로 우리가 교육이라 부르는 것이 때로는 조련에 훨씬 가까울 때가 있다. 몇몇 교육학 개론서는 아이의 선을 위해서라면 아이를 때리거나 아이에게 모욕을 주어도 좋다고 말한다. 20세기 독일의 역사학자 카타리나 루츠키Katharina Rutschky가 대표적인 예다. 루츠키는 '암흑의 교육학'이라는 개념을 사용하면서 아이에게 좋은 것이라는 명분으로 교육적 목적의 폭력을 정당화했다.

18세기 독일의 철학자이자 교사인 요한 게오르크 줄처

"오늘날에는 선한 사람 노릇을 하는 것이 가장 좋지만, 위선자 노릇을 하면 실로 놀라운 이익을 얻을 수 있다."

몰리에르 Molière

《동 쥐앙(Don Juan)》 중에서

Johann Georg Sulzer는 이렇게 말했다. "만약 어떤 부모가 엄한 질책과 회초리로 응석 부리는 자식의 버릇을 초장에 고쳐놓는 데 성공하면, 그 이후부터는 좋은 가르침이 통하는 순종적이고 말 잘 듣는 아이로 만들 수 있다. 이런 상황에서의 "다 널 위한 거야"라는 말은 이성적이고 정당한 교육 원칙이 될 수 없다. 단지 부모의 지배를 정당화하기 위해 논리의 외면만을 이용하는 표현이기 때문이다. 그리고 그 내면에는 수많은 편견과 착오, 나아가 배덕이 숨겨져 있다.

오늘날 우리 사회는 이런 표현을 더는 용인하지 않는다. 그런데도 여전히 어떤 교육적 폭력은 존속한다. 바로 "해서 나쁠 게 뭐가 있니?" 또는 "다 네가 자초한 거야!"와 같은 표현이다. 이에 대해 분노할 필요는 없지만, 여기에 어떤 위험성이 있는지 이해하는 것은 중요하다. 바로 교육이 지배로 변질될 가능성이 여전히 존재한다는 사실이다. 정확히 어떤 것을 말하는 것일까? 부모의 지위와 마찬가지로 사회 속에서 아이가 갖는 지위는 때때로 종교적이나 사회적인 선입견을 반영한다. '암흑의 교육학'에 따르면, 아이는 지식이 필요한 대상일 뿐만 아니라 반드시 교정되어야 할 대상이고, 심지어는 악한 존재로까지 여겨진다. 반면 부모는 아이를 보호하고 지식을 나누어 주는 대상일 뿐만 아니라, 결코 잘못을 저지르지 않는 판사와 같은 존재로 그려진다. 독일의 정신분석가 앨리스 밀러Alice Miller는 카타리나 루츠키의 작업에서 영감을 받아 '암흑의 교육학'이 부모를 "마치 신처럼 무엇이 좋고 나쁜지 결정을 내리는" '주인'으로 변형시켰다고 정의 내렸다.

다시 말해 "다 널 위한 거야"라는 표현이 지배가 아닌 교육이 되려면 지식을 가진 부모는 자기 자신의 약점과 한계까지 인식할 줄 아는 존재가 되어야 한다. 아무리 부모가 세상에서 가장 선한 의도를 가지고 있다고 해도 실수를 저지를 수 있는 인간이기 때문이다. 또 부모의 호의는 종종 자식을 숨막

히게 만들기도 한다. 자식을 알처럼 품고 있기만 할 게 아니라 스스로 실수를 저지르도록 내버려두는 편이 더 좋지 않을까? 루소에 따르면 "우리는 어리석게도 자식들이 스스로라면 훨씬 더 잘 배울 수 있을 만한 것을 가르치려는 강박을 가지고 있다." 부모는 자식에게 무엇이 좋은지 가려내기가 항상 쉽지 않다는 것과 아이가 시간을 가지고 스스로 의견을 내야 한다는 사실을 깨달아야 한다.

선을 위한
악이라고?

"다 너 잘되라고 그러는 거야"라는 말에는 어떤 '좋은 것'을 얻기 위해서는 어떤 '나쁜 것'을 받아들여야 한다는 사실이 담겨 있다. 하지만 선이 악이나 고통의 결과로 주어지는 것이란 사실을 어떻게 이해해야 할까? 실제로 때때로 전문적인 지식을 소유하기 위해서는 고되고, 어찌 보면 지겨운 학습이라는 과정을 거쳐야 한다. 피아노를 제대로 연주할 수 있으려면 음계의 이름부터 차근차근 시작해 꾸준한 연습이 필요하며, 수영하는 법을 배우고 거기서 즐거움을 느낄 수 있으려면 물속에 머리를 집어넣고,

바닥에 발이 닿지 않는 것에 대한 두려움을 극복하고, 숨 쉬는 기술을 터득하는 등 수많은 시행착오를 거쳐야 한다.

많은 경우, 우리는 길을 다 지나온 뒤에서야 비로소 스스로 고통을 부여해야 할 필요성이 있다는 사실을 인정하곤 한다. 아직 수련이 부족하거나 아직 바깥세상에 뛰어들기를 주저하는 사람에게는 진정한 기쁨이 자신의 고통 끝에 온다는 사실을 상상하기 어려울 수밖에 없다. 이런 상황 속에서 "다 너 잘되라고 그러는 거야"라는 말을 되풀이하며 인내를 강요하기만 하는 어른(부모, 피아노 선생님 혹은 수영 강사)의 말을 순순히 믿고 따를 수 있을지 의문이다. 같은 길을 이미 걸어본 경험이 있는 어른의 지식과 가르침은 아이를 설득하기에 언제나 충분하지는 않은 것이다.

아이와 어른 사이에 존재하는 비대칭성이 지식 측면에서뿐만 아니라 경험 측면에서도 고려되어야 하는 이유가 여기에 있다. 우리는 고통을 먼저 경험한 뒤에 오는 기쁨을 맛보고 나서야 비로소 고생 끝에 낙이 온다는 사실을 수긍하게 된다. 이렇듯 지식과 경험의 구별은 시간과의 관계로도 고려될 수 있다. 고통 뒤에 오는 기쁨은 우리가 미래로 기투(企投)할 수 있는 존재, 즉 현재를 초월해 미래로 자기를 내던지면서 자신의 삶을 만들어 가는 존재라는 사실을 짐작하

게 하는 반면, 우리가 겪는 고통은 우리를 현재에 머물게 한다. 아이가 "다 너 잘되라고 그러는 거야"라는 문장을 이해하기 어려워하는 이유가 여기에 있지 않을까? 게다가 만약 이 말대로, 원하는 대로만 일이 풀린다면 그것도 그것대로 의문스럽지 않은가? 혹시 선이 주는 기쁨을 늘 나중으로 미루도록 종용하기 위한 말은 아닐까? "다 너 잘되라고 그러는 거야"를 주장하는 것은 우리에게 현재의 불행을 받아들이고 언제가 될지 모를 그날까지 행복을 무한정 미루도록 만든다. 마치 이승에서 모든 불행과 결핍을 감내하고 죽음 뒤에 있을 행복한 삶이라는 불확실한 행복을 희망해야 한다는 식으로 말이다. 바로 이것이 몇몇 철학자들이 종교에서 말하는 천국에 대한 약속을 속임수라고 여기는 이유다. 19세기 독일 철학자 카를 마르크스Karl Marx에 따르면, 종교는 "억압받는 존재의 한숨"이다. 즉 "눈물의 골짜기(성경에 등장하는 순례자들의 메마른 골짜기로 '이승의 삶'을 비유)"일 뿐인 현재의 삶에 붙잡힌 인간의 절망스러운 한숨인 동시에 다른 생에서 그의 불행의 뒤를 이어 행복이 찾아올 것이라고 믿는 자의 희망이 담긴 한숨인 셈이다. 하지만 오로지 종교적인 믿음 하나만으로 미래의 행복을 바라며 지금의 현실을 모두 받아들여야만 하는 것일까?

"자선 받는 사람들이
자선을 베푸는 사람을 사랑하는
것보다, 자선을 베푸는 사람이
자선 받는 사람들을 사랑하는
마음이 더욱더 크다."

아리스토텔레스

Aristote

따라서 여기에는 교육의 모순이 존재한다. 교육을 통해 얻고자 하는 '선'이 아이의 해방을 목표로 하지만 이 해방을 위해서는 반복적인 강압이 필요하고, 아이는 어른에 의한 가르침에 일정 부분 순응해야 하기 때문이다. 칸트에 따르면, "교육에 있어서 가장 큰 과제 가운데 하나는 바로 규칙을 강요하는 강압과 자신의 자유를 행사할 수 있는 능력 사이를 어떻게 조율할지 아는 것"이라고 한다.

예의범절을 예로 들어보자. 아이가 자세를 똑바로 하고, 공공장소에서 큰 소리로 떠들지 않게 하고, 조금이라도 마음에 들지 않는 일이 있을 때 땅바닥에 누워 굴러다니지 않도록 교육하는 것은 어쩌면 바람직한 것이다. 이를 통해서 아이는 인간 사회의 일원이 되는 법을 배우고, 자신의 자유가 타인의 자유를 침해해서는 안 된다는 사실을 깨우칠 수 있기 때문이다. 하지만 그 학습의 과정은 주로 고된 반복을 통해 이루어진다. "이건 해, 이건 하지 마", "몸가짐을 바로 해", "'안녕하세요'라고 해야지", "아주머니께 감사하다고 해." 그런데가 하면 수많은 훈계도 필요하다. "이건 좋지 않아.” “이제 됐어.” “당장 그만둬.” 심지어 때로는 가혹 행위가 동반되기도 한다. “당장 네 방으로 가.” “앞으로 그건 다시는 못 하게 될 줄 알아!” 그렇다면 이처럼 타인에 의해 강요된 원칙이나 규율을 뜻하는 타율적인 교육법의 틀 안에서 어떻게 하면 내면적인 자율성을 가질 수 있을까?

교육에 있어서 강압이라는 개념을 아예 지워버리자는 게 아니라 제한을 두고 시의적절함(즉 아이에게 이것저것을 하도록 강요할 수 있는 나이는 몇 살까지여야 하는가?)을 고려하고, 그 방법(강요는 어디까지 시행되어야 하는가? 처벌까지 필요할까? 모욕감을 주지 않는 방법은?)을 고민해 보자는 말이다. 그리고 이러한 강압은 내면적인 의무감으로 전환될 수 있을 때만 정당하다. 비록 처음에는 타자의 조언이나 압력으로 인해 외부로부터 강요되었더라도, 우리는 마치 내면적 사령관처럼 그것을 스스로 자율적으로 재부과할 수 있어야 한다. 칸트는 그 중요성을 역설하며 이렇게 말했다. “우리가 아이에게 부과하는 강압은 아이가 스스로 자유를 행사할 수 있도록 만들어 주어야 하고, 우리는 언젠가 아이가 타자의 염려에서 벗어나 스스로 자유로워질 수 있도록 연습을 도와야 한다.”

하지만 이러한 구별이 모든 문제를 해결하지는 못한다.

강요가 그 속에서 더욱 미발달된 양상을 보이는 규율이 아니라 진정으로 의무에 해당한다고 어떻게 확신할 수 있을까? 의무와 마찬가지로 규율도 내면적 사령관처럼 나타나는데 말이다. 스스로 규율을 부여하는 것은 외부로부터 받은 강요를 내재화하는 것이다. 그러다 보면 결국엔 '자연스럽게' 보이게 된다. 아이가 지속적으로 명령을 받다 보면 친구들과의 사이에서 폭력적인 행동을 보이지 않도록 자기 자신을 자제하게 되는 것이 바로 그 예다.

어쩌면 스스로 규율을 지키는 법을 배우되, 최소한 그 강요가 왜 정당한지를 먼저 이해할 필요가 있는 것인지도 모른다. 만약 규율이 누군가에게 올바른 방법을 가르치기 위해 혼내는 것에 불과하다면, 그것은 단순한 조련이나 다름없기 때문이다. 이때 아이는 그저 가르치는 사람의 행동을 반사하는 법을 배울 뿐이므로 진정한 교육이라 할 수 없다.

교육에 있어서
'신중'해야 하는 이유는 무엇일까?

이처럼 무엇이 정당한 의무이고, 또 무엇이 그저 무용하고 폭력적인 강요인지 아는 것은 어려운 일이다. 그렇다고 해서 교육은 어떤 것도 확신할 수 없으며, 교육 원칙은 아무것도 보증할 수 없다는 결론을 내려야 할까? 물론 문화와 역사에 따라 교육은 상대적일 수 있고, 그 교육 원칙은 누구도 부정할 수 없는 과학적 확신을 벗어난다. 하지만 교육에 불확실성이 존재한다는 이유로 유감을 표하거나 한탄할 필요는 없다. 어쩌면 그럴수록 불확실성을 받아들이고, 이에 대해 더 깊은 고민을 해보아야 하는지도 모른다. 더더구나 이것이 교육 분야에 있어 확신으로 가득 찬 사람들과 인지과학이 말하는 '자연적 원칙'이 교육에서의 모든 문제를 해결해 줄 것이라 믿는 이들의 선한 의도에서 우리를 벗어나게 해줄 것이기 때문이다.

우리는 지식을 명분 삼아 "다 너 잘되라고 그러는 거야"라고 말하곤 한다. 교육에 존재하는 상대주의는 이러한 지식의 특별한 속성과 그것이 과학적 확신이 결코 아니라는 사실을 우리에게 보여준다. 이러한 상대주의가 드러내는 것은 어쩌면 고대 그리스의 철학자 아리스토텔레스Aristote가

말했던 의미의 '신중(프로네시스-이성으로 자신을 통치하고 훈련하는 능력)'이 아닌가 싶다. 그가 말한 신중이란 과학적 지식과 구별되는 합리적인 지식으로, 언제나 상황에 따라 달라지고 상황에 따라 다르게 적용해야 하는 실천적인 지식을 지칭한다. 그리고 '신중'하다는 것은 꼭 해야 하는 일을 그것이 꼭 필요한 때에 똑바로 하는 것을 의미한다.

어쩌면 교육자는 '신중한 사람'이 되기 위해 자신의 확신을 저버려야 하는지도 모른다. 왜냐하면 교육자는 전지전능한 전문가도, 완벽한 이성도 아닌 자기 자신의 열정에 의해 지배를 받는 한 인간일 뿐이기 때문이다. 아이에게 어떤 것을 강요할 때 교육자는 자신이 아이에게 무엇을 강요하는지에 대해 곰곰이 생각해 보아야 하고, 거기에 잘못이 없는지 주의 깊게 살펴보아야 한다.

다시 말해 어른과 아이는 서로 다른 수준의 지식을 가지고 있기 때문에 지식에 있어 비대칭적인 관계지만 모두 똑같이 고민과 성장의 대상이다. 아이는 자신의 행동에 대해 숙고할 수 있게 인도되어야 하는 동시에 자신에게 강요되는 것이 정당한지를 스스로 따져볼 줄 알아야 한다. 또 어른은 자신이 가진 확신에 질문을 던져보아야 하고, 선입견에서 벗어나야 한다. 아이를 교육한다는 것은 그 결과로 자기 자

“제자와 반대편 길을 걸어라.
스승은 언제나 당신이지만
제자는 항상 자신이
스승이라 믿을 것이다.”

장 자크 루소
Jean-Jacques Rousseau

신을 교육할 기회를 가진다는 말과 같다. 따라서 교육자는 “다 너 잘되라고 그러는 거야”라는 말이 단순히 자신의 권위를 나타내기 위한 명령이 아닌, ‘신중에 대한 조언’과 같이 진정으로 울림을 줄 수 있길 바라며 결국 자기 자신의 고유한 선을 위해 교육의 원칙을 재검토해야 한다.

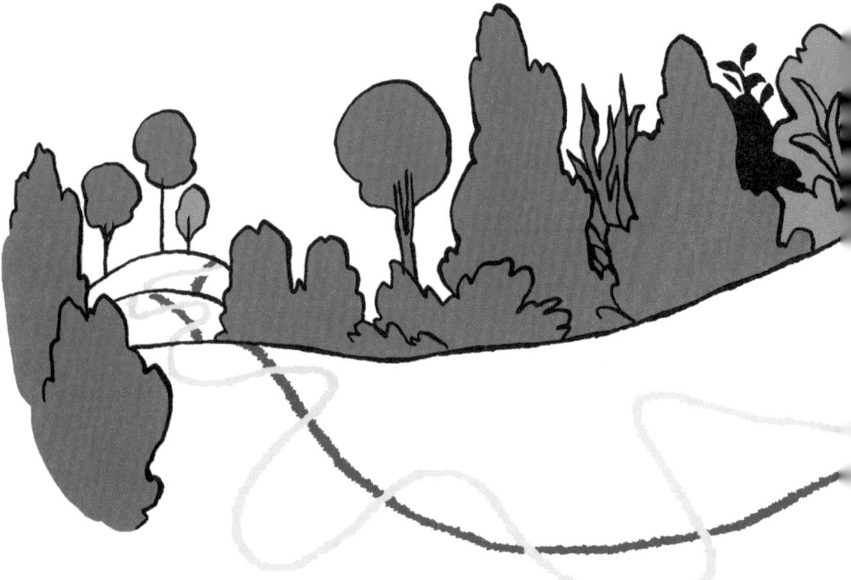